Octavia et Ludovic accueillent un petit frère

Écrit par Liliana Tommasini
Illustré par Amariah Rauscher

© Liliana Tommasini, 2023

Illustrations : Amariah Rauscher

Traduction de l'anglais : Johanne Latour

Photographie de Liliana Tommasini : ZabellePhoto

Photographie d'Amariah Rauscher : Abby Sands

Publié par Miriam Laundry Publishing Company

miriamlaundry.com

Tous droits réservés. Il est interdit de reproduire ou d'utiliser ce livre, en tout ou en partie, de quelque manière que ce soit, sans l'autorisation écrite expresse de l'auteure, à l'exception de brèves citations dans le cadre d'une critique du livre.

ISBN 978-1-998816-69-9

ISBN du livre numérique 978-1-998816-68-2

PREMIÈRE ÉDITION

À mes chers petits-enfants,
Octavia, Ludovic et Nathanaël,
qui comblent mon cœur de tant d'amour.

Un beau jour, Octavia et Ludovic jouent dans la cour avec leur nonna et Oslo.

Papa les appelle : « Rentrez ! »

« Nous avons une grande surprise à vous annoncer ! », ajoute Maman.

Octavia et Ludovic adorent les surprises.

« Quelle est la surprise ? », demande Octavia.

« Dites-nous ! Dites-nous ! », réclame Ludovic.

Maman se tapote le ventre.

Papa dit : « Bientôt, vous aurez un petit frère ».

« YOUPI ! », s'écrient Octavia et Ludovic.

« Je vais encore être une grande sœur », dit Octavia.

« Et je vais être un grand frère », dit Ludovic. « Ça va être bien amusant ! »

Même Oslo remue la queue.

Quelques semaines plus tard, Maman et Papa arrivent à la maison avec le bébé.

C'est bien excitant pour Octavia, Ludovic et leur nonna de rencontrer le petit Nathanaël! Mais Nathanaël ne semble pas heureux de faire leur connaissance. Il passe son temps à dormir, à manger, à faire ses rots et à pleurer.

Ce n'est pas amusant du tout!

Maman passe beaucoup de temps avec Nathanaël. Ça ne semble pas déranger Ludovic. Il fait souvent des bisous sur la tête de Nathanaël et frotte ses petits pieds, puis il repart jouer. Cependant, Octavia aimerait que Maman passe aussi du temps avec elle.

Je sais quoi faire, pense-t-elle. *Je vais offrir beaucoup d'aide à Maman!*

Un jour, Octavia dit à Maman : « Je veux prendre Nathanaël dans mes bras. Je suis capable ! »

« Je ne crois pas que tu sois tout à fait prête, ma chérie », répond Maman. « Mais ça m'aiderait beaucoup si tu me donnais sa doudou. »

« Oui, Maman », dit Octavia en faisant la moue.

Le lendemain, Octavia dit à Maman : « Je veux nourrir Nathanaël. Je suis capable ! »

« Je ne crois pas que tu sois tout à fait prête, ma chérie », répond Maman. « Mais ça m'aiderait beaucoup si tu me donnais sa bavette. »

« Oui, Maman », dit Octavia en faisant la moue.

Un autre jour, après que Maman ait mis Nathanaël dans son berceau, Octavia et Ludovic entendent le bébé pleurer. Ils entrent dans sa chambre sur la pointe des pieds et lui chantent une berceuse. Nathanaël arrête de pleurer et s'endort.

Un autre jour, alors que Maman prépare le souper, Octavia et Ludovic jouent à faire coucou avec Nathanaël. Le bébé sourit et cesse de s'agiter.

Un autre jour, Octavia lit un de ses livres préférés à Nathanaël. Il ouvre grand les yeux quand elle lui montre les images.

Le jour suivant, Octavia et Ludovic dansent et chantent devant Nathanaël, qui babille joyeusement.

Maman dit : « Comme vous nous aidez bien tous les deux ! Octavia, voudrais-tu nourrir le bébé ? »

« Oh ! Oui, Maman ! » répond Octavia avec un grand sourire. « Je sais que je suis capable ! »

Octavia s'assoit dans le fauteuil confortable de Maman. Maman pose un gros oreiller sur les genoux d'Octavia, puis elle place Nathanaël dans ses bras. Octavia a le sentiment d'être la meilleure grande sœur qui soit!

Le lendemain, Octavia montre à Nathanaël le dessin qu'elle a fait de lui.

Papa rentre du travail et dit : « Pouah ! Je pense qu'il faudrait changer la couche de Nathanaël ».

Octavia est d'accord.

« Veux-tu m'aider à changer sa couche ? », demande Papa en prenant Nathanaël dans ses bras.

Octavia se pince le nez et secoue la tête. « Je ne suis pas encore tout à fait prête ! »

Et elle court jouer avec Ludovic et Oslo.

Suggestions pour les enfants qui veulent s'occuper de leur petit frère ou de leur petite sœur et l'amuser :

Rappelez-vous de toujours faire preuve de douceur et de patience à l'égard du bébé.

1. Chanter des berceuses pour endormir le bébé
2. Jouer à des jeux doux, par exemple faire coucou
3. Lire et montrer des livres d'images au bébé
4. Chanter des chansons et danser pour le bébé
5. Aider à l'heure des repas
6. Faire des dessins et les montrer au bébé
7. Promener le bébé dans sa poussette (en compagnie d'une grande personne)
8. Aider à l'heure du bain
9. Parler au bébé et tenter de lui décrocher un sourire
10. Jouer avec le bébé avec des jouets adaptés à son âge
11. Aider à changer les couches

Guide de lecture

Les questions suivantes vous sont proposées pour engager la conversation avec les enfants après la lecture de l'histoire.

1. Est-ce que ça fait plaisir à Octavia et Ludovic que Papa et Maman leur annoncent la venue prochaine d'un petit frère?

2. Est-ce excitant pour Octavia et Ludovic de rencontrer le bébé?

3. Leur petit frère est-il content de faire leur connaissance?

4. Qu'est-ce que le bébé fait toute la journée?

5. Octavia est-elle contente quand Maman lui dit qu'elle n'est pas tout à fait prête à tenir le bébé ou à le nourrir?

6. Nomme une des choses qu'Octavia et Ludovic font pour aider Maman à prendre soin de leur petit frère.

7. Qu'est-ce qu'Octavia n'est pas tout à fait prête à faire, selon elle?

8. Penses-tu qu'Octavia et Ludovic sont la meilleure sœur et le meilleur frère qui soient?

Un grand merci

à ma famille et à mes amis pour leurs paroles d'encouragement.

à Miriam Laundry et à son équipe merveilleuse pour les conseils et le soutien qu'ils m'ont apporté tout au long du processus d'écriture et d'édition.

à toutes les personnes qui me lisent. Je suis très touchée de savoir que des gens achètent mes livres, les font découvrir à leurs enfants, aiment mes histoires et leur font une place dans leur bibliothèque.

Notes :

Merci de lire mon livre d'images à vos enfants.

Si vous l'avez aimé, je vous serais reconnaissante d'écrire un commentaire sincère sur Amazon pour aider d'autres personnes à le découvrir à leur tour. Vos évaluations me sont précieuses et m'aident à continuer de créer des histoires que les enfants adorent.

https://lilianatommasini-fr.com/pagereview

Merci encore pour votre soutien.

Liliana Tommasini est membre de la Society of Children's Book Writers and Illustrators (SCWBI) et de la Canadian Society of Children's Authors, Illustrators and Performers (CANSCAIP), des associations regroupant des personnes qui écrivent et illustrent des livres jeunesse.

Elle a écrit le livre d'images *Octavia est capable !*, le premier d'une série visant à encourager les enfants à prendre leurs propres décisions et à demander de l'aide en cas de besoin.

Liliana est la mère de deux grandes filles et la nonna (grand-maman) de trois petits-enfants. Elle adore jouer, lire des histoires et cuisiner avec ses petits-enfants. Elle collectionne les livres de recettes, une passion qui l'a amenée à rédiger des critiques de ces livres pour des blogues culinaires. Elle dévore également les romans policiers et à suspense juridique, et elle aime beaucoup tricoter.

Elle vit avec son mari et leur golden retriever roux dans la belle province de Québec.

Octavia et Ludovic accueillent un petit frère est le deuxième livre de la série *Octavia est capable !*.

Vous pouvez entrer en contact avec Liliana, trouver ses livres et télécharger des ressources gratuites sur

🌐 www.lilianatommasini.com

Vous pouvez aussi la suivre sur les médias sociaux :

📷 @lilianatommasiniauthor

f LilianaTommasiniAuthor

Amariah Rauscher est une illustratrice à temps plein qui utilise principalement l'aquarelle et le fusain. Elle est l'illustratrice des livres Princess Truly de Scholastic.

Amariah vit avec sa famille à Mandeville, en Louisiane. Quand elle n'est pas occupée à peindre, elle aime lire des livres et passer du temps en famille.

🌐 www.amariahrauscher.com

Découvrez un autre livre de la série Octavia est capable !

Octavia est capable !
raconte avec humour l'histoire d'une jeune fille qui apprend que même les personnes les plus indépendantes ont parfois besoin d'aide.

Disponible sur Amazon